Everyone Has A Story Planner

BY LISA NOLAN

HealingSheGotFaith

Love you the way you love the world

JANUARY

CHECKLIST PLAN

FEBRUARY

CHECKLIST PLAN

MARCH

CHECKLIST PLAN

APRIL

CHECKLIST PLAN

MAY

CHECKLIST PLAN

JUNE

CHECKLIST PLAN

JULY

CHECKLIST PLAN

AUGUST

CHECKLIST PLAN

SEPTEMBER

CHECKLIST PLAN

OCTOBER

CHECKLIST PLAN

NOVEMBER

CHECKLIST PLAN

DECEMBER

CHECKLIST PLAN

"Love you the way you love the world."

~ LISA NOLAN

Month:

MONDAY	TUESDAY	WEDNESDAY	THURSDAY

notes:
_____
_____
_____
_____
_____
_____

FRIDAY	SATURDAY	SUNDAY

"Love yourself the way you love the world. The same energy you give to everyone and everything around, put that some energy to the person in the mirror."
- LIN

notes:
_____
_____
_____
_____
_____
_____

Goal Planner

START   END

GOALS

STRATEGIES

NOTES

"*A little is enough.*"

~ LISA NOLAN

E HAS Planner

I'm grateful for...

Tasks

- ☐ _____
- ☐ _____
- ☐ _____
- ☐ _____
- ☐ _____
- ☐ _____
- ☐ _____

Notes to Self

_____

_____

_____

_____

_____

_____

Date:

MY PLANNER

EXERCISE LOG

_____
_____
_____
_____
_____
_____
_____

REMINDERS & NOTES

_____
_____
_____
_____
_____
_____
_____
_____

Month:

MONDAY	TUESDAY	WEDNESDAY
•	•	•
•	•	•
•	•	•
•	•	•

THURSDAY	FRIDAY	SATURDAY
		•
		•
		•
		•
		SUNDAY
•	•	•
•	•	•
•	•	•
•	•	•

Month:

MONDAY	TUESDAY	WEDNESDAY
•	•	•
•	•	•
•	•	•
•	•	•

THURSDAY	FRIDAY	SATURDAY
		•
		•
		•
		•

SUNDAY

•	•	•
•	•	•
•	•	•
•	•	•

Month:

MONDAY	TUESDAY	WEDNESDAY
•	•	•
•	•	•
•	•	•
•	•	•

THURSDAY	FRIDAY	SATURDAY
		•
		•
		•
		•
		SUNDAY
•	•	•
•	•	•
•	•	•
•	•	•

Month:

MONDAY	TUESDAY	WEDNESDAY
•	•	•
•	•	•
•	•	•
•	•	•

THURSDAY	FRIDAY	SATURDAY
		•
		•
		•
		•

SUNDAY

•	•	•
•	•	•
•	•	•
•	•	•

Month:

MONDAY	TUESDAY	WEDNESDAY	THURSDAY

notes:

_____
_____
_____
_____
_____
_____

FRIDAY	SATURDAY	SUNDAY

"Love yourself the way you love the world. The same energy you give to everyone and everything around, put that some energy to the person in the mirror."

- L.I.N.

notes:

_____
_____
_____
_____
_____
_____

Goal Planner

START   END

GOALS

STRATEGIES

NOTES

"*A little is enough.*"

~ LISA NOLAN

E HAS Planner

I'm grateful for...

Tasks

- [ ] _____
- [ ] _____
- [ ] _____
- [ ] _____
- [ ] _____
- [ ] _____
- [ ] _____

Notes to Self

_____

_____

_____

_____

_____

MY PLANNER

EXERCISE LOG

_____
_____
_____
_____
_____
_____
_____
_____

REMINDERS & NOTES

_____
_____
_____
_____
_____
_____
_____
_____

Month:

MONDAY	TUESDAY	WEDNESDAY
•	•	•
•	•	•
•	•	•
•	•	•

THURSDAY	FRIDAY	SATURDAY
		•
		•
		•
		•
		SUNDAY
•	•	•
•	•	•
•	•	•
•	•	•

Month:

MONDAY	TUESDAY	WEDNESDAY
•	•	•
•	•	•
•	•	•
•	•	•

THURSDAY	FRIDAY	SATURDAY
		•
		•
		•
		•

SUNDAY

•	•	•
•	•	•
•	•	•
•	•	•

Month:

MONDAY	TUESDAY	WEDNESDAY
•	•	•
•	•	•
•	•	•
•	•	•

THURSDAY	FRIDAY	SATURDAY
		•
		•
		•
		•
		SUNDAY
•	•	•
•	•	•
•	•	•
•	•	•

Month:

MONDAY	TUESDAY	WEDNESDAY
•	•	•
•	•	•
•	•	•
•	•	•

THURSDAY	FRIDAY	SATURDAY
		●
		●
		●
		●

SUNDAY

THURSDAY	FRIDAY	SATURDAY
●	●	●
●	●	●
●	●	●
●	●	●

Month:

MONDAY	TUESDAY	WEDNESDAY	THURSDAY

notes:
_____
_____
_____
_____
_____
_____

FRIDAY	SATURDAY	SUNDAY

"Love yourself the
way you love the
world. The same
energy you give to
everyone and
everything around,
put that some
energy to the person
in the mirror."
- LIN.

notes:
_____
_____
_____
_____
_____
_____

Goal Planner

START   END

GOALS

STRATEGIES

NOTES

"*A little is enough.*"

~ LISA NOLAN

E HAS Planner

I'm grateful for...

Tasks

- [ ] _____
- [ ] _____
- [ ] _____
- [ ] _____
- [ ] _____
- [ ] _____
- [ ] _____

Notes to Self

_____

_____

_____

_____

_____

_____

Date:

MY PLANNER

EXERCISE LOG

_____

_____

_____

_____

_____

_____

_____

_____

REMINDERS & NOTES

_____

_____

_____

_____

_____

_____

_____

_____

_____

Month:

MONDAY	TUESDAY	WEDNESDAY
•	•	•
•	•	•
•	•	•
•	•	•

THURSDAY	FRIDAY	SATURDAY
		•
		•
		•
		•
		SUNDAY
•	•	•
•	•	•
•	•	•
•	•	•

Month:

MONDAY	TUESDAY	WEDNESDAY
•	•	•
•	•	•
•	•	•
•	•	•

THURSDAY	FRIDAY	SATURDAY
		•
		•
		•
		•
		SUNDAY
•	•	•
•	•	•
•	•	•
•	•	•

Month:

MONDAY	TUESDAY	WEDNESDAY
•	•	•
•	•	•
•	•	•
•	•	•

THURSDAY	FRIDAY	SATURDAY
		•
		•
		•
		•
		SUNDAY
•	•	•
•	•	•
•	•	•
•	•	•

Month:

MONDAY	TUESDAY	WEDNESDAY
•	•	•
•	•	•
•	•	•
•	•	•

THURSDAY	FRIDAY	SATURDAY
		•
		•
		•
		•

SUNDAY

•	•	•
•	•	•
•	•	•
•	•	•

Month:

MONDAY	TUESDAY	WEDNESDAY	THURSDAY

notes:
_____
_____
_____
_____
_____
_____

FRIDAY	SATURDAY	SUNDAY

"Love yourself the way you love the world. The same energy you give to everyone and everything around, put that some energy to the person in the mirror."

— L.I.N.

notes:

_____
_____
_____
_____
_____
_____

Goal Planner

START   END

GOALS

STRATEGIES

NOTES

"*A little is enough.*"

~ LISA NOLAN

EHAS Planner

I'm grateful for...

Tasks

- [ ] _____
- [ ] _____
- [ ] _____
- [ ] _____
- [ ] _____
- [ ] _____
- [ ] _____

Notes to Self

_____

_____

_____

_____

_____

_____

Date:

MY PLANNER

EXERCISE LOG

_____

_____

_____

_____

_____

_____

_____

_____

REMINDERS & NOTES

_____

_____

_____

_____

_____

_____

_____

_____

Month:

MONDAY	TUESDAY	WEDNESDAY
•	•	•
•	•	•
•	•	•
•	•	•

THURSDAY	FRIDAY	SATURDAY
		●
		●
		●
		●
		SUNDAY
●	●	●
●	●	●
●	●	●
●	●	●

Month:

MONDAY	TUESDAY	WEDNESDAY
•	•	•
•	•	•
•	•	•
•	•	•

THURSDAY	FRIDAY	SATURDAY
		•
		•
		•
		•

SUNDAY

THURSDAY	FRIDAY	SATURDAY
•	•	•
•	•	•
•	•	•
•	•	•

Month:

MONDAY	TUESDAY	WEDNESDAY
•	•	•
•	•	•
•	•	•
•	•	•

THURSDAY	FRIDAY	SATURDAY
		•
		•
		•
		•

SUNDAY

•	•	•
•	•	•
•	•	•
•	•	•

Month:

MONDAY	TUESDAY	WEDNESDAY
•	•	•
•	•	•
•	•	•
•	•	•

THURSDAY	FRIDAY	SATURDAY
		•
		•
		•
		•
		SUNDAY
•	•	•
•	•	•
•	•	•
•	•	•

Month:

MONDAY	TUESDAY	WEDNESDAY	THURSDAY

notes:
_____
_____
_____
_____
_____

FRIDAY	SATURDAY	SUNDAY

"Love yourself the way you love the world. The same energy you give to everyone and everything around, put that some energy to the person in the mirror."

— L.I.N.

notes:
_____
_____
_____
_____
_____
_____

Goal Planner

START   END

GOALS

STRATEGIES

NOTES

"*A little is enough.*"

~LISA NOLAN

EHAS Planner

I'm grateful for...

Tasks

- [ ] _____
- [ ] _____
- [ ] _____
- [ ] _____
- [ ] _____
- [ ] _____
- [ ] _____

Notes to Self

_____

_____

_____

_____

_____

_____

Date:

MY PLANNER

EXERCISE LOG

_____

_____

_____

_____

_____

_____

_____

REMINDERS & NOTES

_____

_____

_____

_____

_____

_____

_____

_____

Month:

MONDAY	TUESDAY	WEDNESDAY
•	•	•
•	•	•
•	•	•
•	•	•

THURSDAY	FRIDAY	SATURDAY
		•
		•
		•
		•
		SUNDAY
•	•	•
•	•	•
•	•	•
•	•	•

Month:

MONDAY	TUESDAY	WEDNESDAY
•	•	•
•	•	•
•	•	•
•	•	•

THURSDAY	FRIDAY	SATURDAY
		•
		•
		•
		•

SUNDAY

•	•	•
•	•	•
•	•	•
•	•	•

Month:

MONDAY	TUESDAY	WEDNESDAY
•	•	•
•	•	•
•	•	•
•	•	•

THURSDAY	FRIDAY	SATURDAY
		•
		•
		•
		•

SUNDAY

•	•	•
•	•	•
•	•	•
•	•	•

Month:

MONDAY	TUESDAY	WEDNESDAY
•	•	•
•	•	•
•	•	•
•	•	•

THURSDAY	FRIDAY	SATURDAY
		•
		•
		•
		•
		SUNDAY
•	•	•
•	•	•
•	•	•
•	•	•

Month:

MONDAY	TUESDAY	WEDNESDAY	THURSDAY

notes:

_____

_____

_____

_____

_____

_____

FRIDAY	SATURDAY	SUNDAY

"Love yourself the way you love the world. The same energy you give to everyone and everything around, put that some energy to the person in the mirror."

— L.I.N.

notes:
_____
_____
_____
_____
_____
_____

Goal Planner

START   END

GOALS

STRATEGIES

NOTES

"*A little is enough.*"

~LISA NOLAN

E HAS Planner

I'm grateful for...

Tasks

- [ ] _____
- [ ] _____
- [ ] _____
- [ ] _____
- [ ] _____
- [ ] _____
- [ ] _____

Notes to Self

_____
_____
_____
_____
_____
_____

Date:

MY PLANNER

EXERCISE LOG

_____

_____

_____

_____

_____

_____

_____

REMINDERS & NOTES

_____

_____

_____

_____

_____

_____

_____

Month:

MONDAY	TUESDAY	WEDNESDAY
•	•	•
•	•	•
•	•	•
•	•	•

THURSDAY	FRIDAY	SATURDAY
		•
		•
		•
		•

SUNDAY

•	•	•
•	•	•
•	•	•
•	•	•

Month:

MONDAY	TUESDAY	WEDNESDAY
•	•	•
•	•	•
•	•	•
•	•	•

THURSDAY	FRIDAY	SATURDAY
		•
		•
		•
		•
		SUNDAY
•	•	•
•	•	•
•	•	•
•	•	•

Month:

MONDAY	TUESDAY	WEDNESDAY
•	•	•
•	•	•
•	•	•
•	•	•

THURSDAY	FRIDAY	SATURDAY
		•
		•
		•
		•
		SUNDAY
•	•	•
•	•	•
•	•	•
•	•	•

Month:

MONDAY	TUESDAY	WEDNESDAY
•	•	•
•	•	•
•	•	•
•	•	•

THURSDAY	FRIDAY	SATURDAY
		•
		•
		•
		•
		SUNDAY
•	•	•
•	•	•
•	•	•
•	•	•

Month:

MONDAY	TUESDAY	WEDNESDAY	THURSDAY

notes:
_____
_____
_____
_____
_____
_____

FRIDAY	SATURDAY	SUNDAY

"Love yourself the way you love the world. The same energy you give to everyone and everything around, put that some energy to the person in the mirror."
- L.I.N.

notes:
_____
_____
_____
_____
_____
_____

Goal Planner

START   END

GOALS

STRATEGIES

NOTES

"*A little is enough.*"

~LISA NOLAN

EHAS Planner

I'm grateful for...

Tasks

- [ ] _____
- [ ] _____
- [ ] _____
- [ ] _____
- [ ] _____
- [ ] _____
- [ ] _____

Notes to Self

_____
_____
_____
_____
_____
_____

Date:

MY PLANNER

EXERCISE LOG

_____

_____

_____

_____

_____

_____

_____

REMINDERS & NOTES

_____

_____

_____

_____

_____

_____

_____

Month:

MONDAY	TUESDAY	WEDNESDAY
•	•	•
•	•	•
•	•	•
•	•	•

THURSDAY	FRIDAY	SATURDAY
		•
		•
		•
		•
		SUNDAY
•	•	•
•	•	•
•	•	•
•	•	•

Month:

MONDAY	TUESDAY	WEDNESDAY
•	•	•
•	•	•
•	•	•
•	•	•

THURSDAY	FRIDAY	SATURDAY
		•
		•
		•
		•

SUNDAY

•	•	•
•	•	•
•	•	•
•	•	•

Month:

MONDAY	TUESDAY	WEDNESDAY
•	•	•
•	•	•
•	•	•
•	•	•

THURSDAY	FRIDAY	SATURDAY
		•
		•
		•
		•

SUNDAY

THURSDAY	FRIDAY	SATURDAY
•	•	•
•	•	•
•	•	•
•	•	•

Month:

MONDAY	TUESDAY	WEDNESDAY
•	•	•
•	•	•
•	•	•
•	•	•

THURSDAY	FRIDAY	SATURDAY
		•
		•
		•
		•

SUNDAY

-
-
-
-

•	•	•
•	•	•
•	•	•
•	•	•

Month:

MONDAY	TUESDAY	WEDNESDAY	THURSDAY

notes:
_____
_____
_____
_____
_____
_____

FRIDAY	SATURDAY	SUNDAY

"Love yourself the way you love the world. The same energy you give to everyone and everything around, put that some energy to the person in the mirror."
- L.I.N.

notes:

_____

_____

_____

_____

_____

_____

Goal Planner

START   END

GOALS

STRATEGIES

NOTES

"*A little is enough.*"

~ LISA NOLAN

E HAS Planner

I'm grateful for...

Tasks

- [ ] _____
- [ ] _____
- [ ] _____
- [ ] _____
- [ ] _____
- [ ] _____
- [ ] _____

Notes to Self

_____
_____
_____
_____
_____
_____

Date:

MY PLANNER

EXERCISE LOG

_____

_____

_____

_____

_____

_____

_____

_____

REMINDERS & NOTES

_____

_____

_____

_____

_____

_____

_____

_____

Month:

MONDAY	TUESDAY	WEDNESDAY
•	•	•
•	•	•
•	•	•
•	•	•

THURSDAY	FRIDAY	SATURDAY
		•
		•
		•
		•
		SUNDAY
•	•	•
•	•	•
•	•	•
•	•	•

Month:

MONDAY	TUESDAY	WEDNESDAY
•	•	•
•	•	•
•	•	•
•	•	•

THURSDAY	FRIDAY	SATURDAY
		•
		•
		•
		•

SUNDAY

•	•	•
•	•	•
•	•	•
•	•	•

Month:

MONDAY	TUESDAY	WEDNESDAY
•	•	•
•	•	•
•	•	•
•	•	•

THURSDAY	FRIDAY	SATURDAY
		●
		●
		●
		●
		SUNDAY
●	●	●
●	●	●
●	●	●
●	●	●

Month:

MONDAY	TUESDAY	WEDNESDAY
•	•	•
•	•	•
•	•	•
•	•	•

THURSDAY	FRIDAY	SATURDAY
		•
		•
		•
		•
		SUNDAY
•	•	•
•	•	•
•	•	•
•	•	•

Month:

MONDAY	TUESDAY	WEDNESDAY	THURSDAY

notes:
_____
_____
_____
_____
_____
_____

FRIDAY	SATURDAY	SUNDAY

"Love yourself the way you love the world. The same energy you give to everyone and everything around, put that some energy to the person in the mirror."

- L.I.N.

notes:

_____
_____
_____
_____
_____
_____

Goal Planner

GOALS

STRATEGIES

NOTES

"*A little is enough.*"

~ LISA NOLAN

EHAS Planner

I'm grateful for...

Tasks

- [ ] _____
- [ ] _____
- [ ] _____
- [ ] _____
- [ ] _____
- [ ] _____
- [ ] _____

Notes to Self

_____
_____
_____
_____
_____
_____

Date:

MY PLANNER

EXERCISE LOG

_____

_____

_____

_____

_____

_____

_____

REMINDERS & NOTES

_____

_____

_____

_____

_____

_____

_____

_____

Month:

MONDAY	TUESDAY	WEDNESDAY
•	•	•
•	•	•
•	•	•
•	•	•

THURSDAY	FRIDAY	SATURDAY
		•
		•
		•
		•

SUNDAY

THURSDAY	FRIDAY	SATURDAY
•	•	•
•	•	•
•	•	•
•	•	•

Month:

MONDAY	TUESDAY	WEDNESDAY
•	•	•
•	•	•
•	•	•
•	•	•

THURSDAY	FRIDAY	SATURDAY
		•
		•
		•
		•
		SUNDAY
•	•	•
•	•	•
•	•	•
•	•	•

Month:

MONDAY	TUESDAY	WEDNESDAY
•	•	•
•	•	•
•	•	•
•	•	•

THURSDAY	FRIDAY	SATURDAY
		•
		•
		•
		•
		SUNDAY
•	•	•
•	•	•
•	•	•
•	•	•

Month:

MONDAY	TUESDAY	WEDNESDAY
•	•	•
•	•	•
•	•	•
•	•	•

THURSDAY	FRIDAY	SATURDAY
		•
		•
		•
		•
		SUNDAY
•	•	•
•	•	•
•	•	•
•	•	•

Month:

MONDAY	TUESDAY	WEDNESDAY	THURSDAY

notes:
_____
_____
_____
_____
_____
_____

FRIDAY	SATURDAY	SUNDAY

"Love yourself the way you love the world. The same energy you give to everyone and everything around, put that some energy to the person in the mirror."

- L.I.N.

notes:
_____
_____
_____
_____
_____
_____

Goal Planner

START   END

GOALS

STRATEGIES

NOTES

"*A little is enough.*"

~ LISA NOLAN

E HAS Planner

I'm grateful for...

Tasks

- [ ] _____
- [ ] _____
- [ ] _____
- [ ] _____
- [ ] _____
- [ ] _____
- [ ] _____

Notes to Self

_____

_____

_____

_____

_____

MY PLANNER

EXERCISE LOG

_____

_____

_____

_____

_____

_____

_____

REMINDERS & NOTES

_____

_____

_____

_____

_____

_____

_____

Month:

MONDAY	TUESDAY	WEDNESDAY
•	•	•
•	•	•
•	•	•
•	•	•

THURSDAY	FRIDAY	SATURDAY
		●
		●
		●
		●
		SUNDAY
●	●	●
●	●	●
●	●	●
●	●	●

Month:

MONDAY	TUESDAY	WEDNESDAY
•	•	•
•	•	•
•	•	•
•	•	•

THURSDAY	FRIDAY	SATURDAY
		•
		•
		•
		•
		SUNDAY
•	•	•
•	•	•
•	•	•
•	•	•

Month:

MONDAY	TUESDAY	WEDNESDAY
•	•	•
•	•	•
•	•	•
•	•	•

THURSDAY	FRIDAY	SATURDAY
		•
		•
		•
		•
		SUNDAY
•	•	•
•	•	•
•	•	•
•	•	•

Month:

MONDAY	TUESDAY	WEDNESDAY
•	•	•
•	•	•
•	•	•
•	•	•

THURSDAY	FRIDAY	SATURDAY
		•
		•
		•
		•
		SUNDAY
•	•	•
•	•	•
•	•	•
•	•	•

Month:

MONDAY	TUESDAY	WEDNESDAY	THURSDAY

notes:
_____
_____
_____
_____
_____
_____

FRIDAY	SATURDAY	SUNDAY

"Love yourself the way you love the world. The same energy you give to everyone and everything around, put that some energy to the person in the mirror."

— L.I.N.

notes:
_____
_____
_____
_____
_____
_____

Goal Planner

START   END

GOALS

STRATEGIES

NOTES

"*A little is enough.*"

~ LISA NOLAN

E HAS Planner

I'm grateful for...

Tasks

- [ ] _____
- [ ] _____
- [ ] _____
- [ ] _____
- [ ] _____
- [ ] _____
- [ ] _____

Notes to Self

_____

_____

_____

_____

_____

_____

Date:

MY PLANNER

EXERCISE LOG

_____

_____

_____

_____

_____

_____

_____

REMINDERS & NOTES

_____

_____

_____

_____

_____

_____

_____

_____

Month:

MONDAY	TUESDAY	WEDNESDAY
•	•	•
•	•	•
•	•	•
•	•	•

THURSDAY	FRIDAY	SATURDAY
		•
		•
		•
		•
		SUNDAY
•	•	•
•	•	•
•	•	•
•	•	•

Month:

MONDAY	TUESDAY	WEDNESDAY
•	•	•
•	•	•
•	•	•
•	•	•

THURSDAY	FRIDAY	SATURDAY
		•
		•
		•
		•

SUNDAY

THURSDAY	FRIDAY	SATURDAY
•	•	•
•	•	•
•	•	•
•	•	•

Month:

MONDAY	TUESDAY	WEDNESDAY
•	•	•
•	•	•
•	•	•
•	•	•

THURSDAY	FRIDAY	SATURDAY
		•
		•
		•
		•
		SUNDAY
•	•	•
•	•	•
•	•	•
•	•	•

Month:

MONDAY	TUESDAY	WEDNESDAY
•	•	•
•	•	•
•	•	•
•	•	•

THURSDAY	FRIDAY	SATURDAY
		•
		•
		•
		•
		SUNDAY
•	•	•
•	•	•
•	•	•
•	•	•

Month:

MONDAY	TUESDAY	WEDNESDAY	THURSDAY

notes:

_____

_____

_____

_____

_____

_____

FRIDAY	SATURDAY	SUNDAY

"Love yourself the way you love the world. The same energy you give to everyone and everything around, put that some energy to the person in the mirror."

— L.I.N.

notes:
_____
_____
_____
_____
_____
_____

Goal Planner

START   END

GOALS

STRATEGIES

NOTES

"*A little is enough.*"

~ LISA NOLAN

E HAS Planner

I'm grateful for...

Tasks

- [ ] _____
- [ ] _____
- [ ] _____
- [ ] _____
- [ ] _____
- [ ] _____
- [ ] _____

Notes to Self

_____

_____

_____

_____

_____

Date:

MY PLANNER

EXERCISE LOG

_____
_____
_____
_____
_____
_____
_____
_____

REMINDERS & NOTES

_____
_____
_____
_____
_____
_____
_____
_____

Month:

MONDAY	TUESDAY	WEDNESDAY
•	•	•
•	•	•
•	•	•
•	•	•

THURSDAY	FRIDAY	SATURDAY
		•
		•
		•
		•
		SUNDAY
•	•	•
•	•	•
•	•	•
•	•	•

Month:

MONDAY	TUESDAY	WEDNESDAY

- ●
- ●
- ●
- ●

THURSDAY	FRIDAY	SATURDAY
		•
		•
		•
		•
		SUNDAY
•	•	•
•	•	•
•	•	•
•	•	•

Month:

MONDAY	TUESDAY	WEDNESDAY
•	•	•
•	•	•
•	•	•
•	•	•

THURSDAY	FRIDAY	SATURDAY
		•
		•
		•
		•
		SUNDAY
•	•	•
•	•	•
•	•	•
•	•	•

Month:

MONDAY	TUESDAY	WEDNESDAY
•	•	•
•	•	•
•	•	•
•	•	•

THURSDAY	FRIDAY	SATURDAY
		•
		•
		•
		•

SUNDAY

•	•	•
•	•	•
•	•	•
•	•	•